Ce livre appartient à

....

C'est un beau vendredi matin. Léo se réveille à peine.

"Quelle belle journée pour se reposer", pense Léo.

Il étire grand ses bras, prend une profonde inspiration avant de se rendormir.

Et comme chaque matin, Léo compte sur sa maman pour le réveiller.

Léo,
prépare-toi
pour aller à l'école !

En effet, Léo était un enfant incroyablement paresseux.

S'il le pouvait, il dormirait toute la journée pendant tout l'année.

Donc, chaque matin, Léo était tiré de son lit par les pieds.

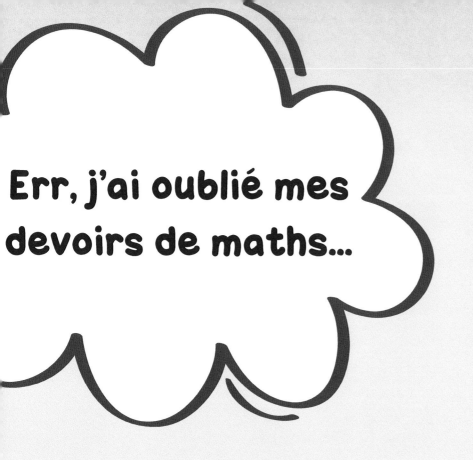

Comme d'habitude, Léo s'exclame en ouvrant son cahier de devoirs.

Même à l'école, Léo ne trouve pas de meilleur passe-temps que de faire une longue sieste.

Parce que Léo dort pendant toutes les leçons, il se retrouve toujours dernier de la classe.

Alors, tout le monde l'appelle Léo le paresseux !

Cela peut paraître surprenant mais Léo ne semble pas dérangé par ce surnom.

D'ailleurs, chaque fois qu'il l'entend, il est motivé pour dormir davantage.

C'est l'heure de la leçon d'anglais. Comme toujours, Léo a les yeux qui se ferment. "Ahh ! C'est ennuyant", marmonne-t-il puis il s'endort.

Soudain le jeune garçon est réveillé par la voix furieuse de M. Picard, son professeur.

"Réveille-toi, Léo !"

hurle-t-il avant de commencer le cours.

"Aujourd'hui, nous allons parler des ambitions ! Vous allez tous devoir écrire une rédaction. Le sujet est : " Que voulez-vous devenir quand vous serez plus grand ? ", explique M. Picard.

"La rédaction ayant obtenu la meilleure note sera publiée dans l'un des journaux locaux de la ville", s'est exclamé M. Picard.

"WOW ! C'est incroyable !", ont crié tous les élèves avec excitation.

Mais Léo ne semble pas impressionné. C'était pour lui un exercice horriblement ennuyeux.

"Est-ce que je dois vraiment l'écrire, M. Picard ?" demande Léo en baillant.

"OUI, TU DOIS LE FAIRE !" lui répond son professeur.

Puis M. Picard interroge un à un les élèves sur leurs ambitions. Oscar, le meilleur élève de la classe, veux devenir ingénieur, et son ami, Lucas, veux devenir médecin.

"Je serai pompier", a crié Olivier, l'élève le plus courageux de la classe.

"Moi, je veux être infirmière", dit Sophie, la fille la plus gentille de la classe.

Un par un, tous les élèves parlent de qu'ils veulent devenir avec beaucoup de fierté.

"Léo, quelle est ton ambition future ?".

Tout le monde attend avec curiosité

la réponse de Léo, car ils veulent savoir ce que l'élève le plus paresseux va répondre.

Les autres élèves ont commencé à éclater de rire et à se moquer de lui.

Eh bien, je suppose qu'il sera un dormeur professionnel

Cependant, quelque chose ne va pas.

Ce jour-là, pour la toute première fois, Léo se sent triste à cause de toutes ces blagues. Ses yeux se remplissent de larmes d'embarras.

Il ne sait pas comment répondre à cette question.

"Je répète, que veux-tu devenir dans le futur ?" demande M. Picard.

"Je ne l'ai pas encore décidé", répond Léo en se grattant la tête. Bien sûr, le petit garçon n'en a aucune idée.

Alors, M. Picard décide de lui donner un peu de temps pour réfléchir et rédiger son texte.

"Eh bien, prends toute la semaine pour te décider. Je veux une réponse lors du prochain cours d'anglais, vendredi prochain", dit M. Picard.

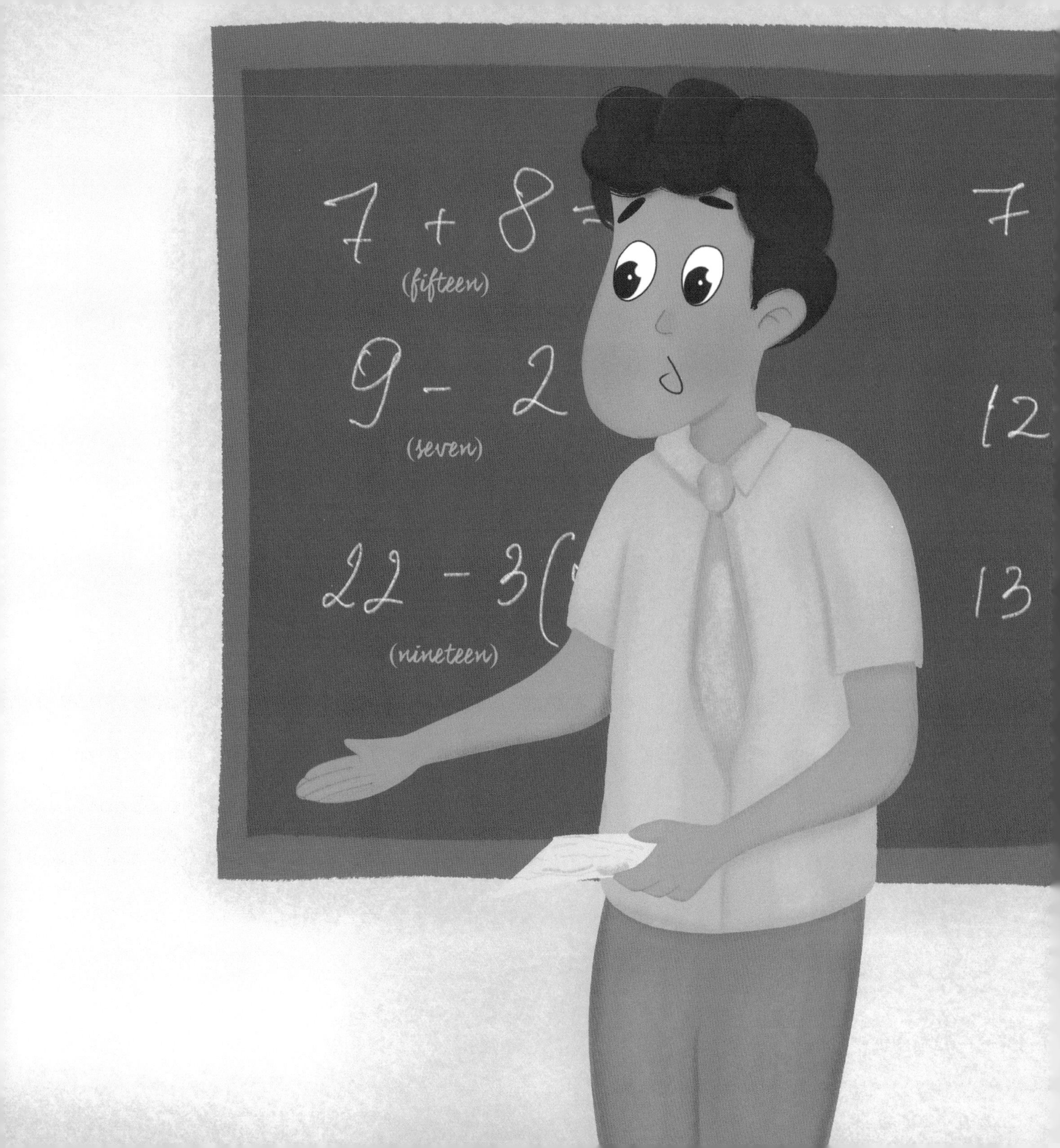

7 + 8 =
(fifteen)
9 - 2
(seven)
22 - 3
(nineteen)
7
12
13

En pensant à ce qu'il allait dire vendredi, Léo rentre chez lui avec un visage inquiet. Il n'a cessé d'y penser toute la journée.

Léo se précipite dans sa chambre et sort de son placard une sorte de boîte.

C'est un puzzle !

Léo l'a reçu comme cadeau d'anniversaire. Chaque fois qu'il veut commencer à assembler les pièces du puzzle, il s'endort. Donc, il ne peut jamais le terminer.

Mais cette fois, il est déterminé à résoudre le puzzle tout seul.

Il étale alors toutes les pièces sur le tapis et commence à les assembler.

Eh bien, cela semble beaucoup plus difficile que je ne le pensais...

Cependant, après deux heures de travail acharné...C'est presque terminé !

Le cœur de Léo est rempli de joie en plaçant la dernière pièce du puzzle sur le tapis de sa chambre. C'est la toute première fois que Léo réussit quelque chose sans abandonner.

Le puzzle n'est autre qu'une image du drapeau de son pays, la France. Lorsque Léo a vu le drapeau, il s'est levé et a incliné la tête.

À ce moment-là, il réalise qu'il aime son pays et à quel point il veut changer les choses pour le bien des citoyens.

Ce moment change la vie de Léo, car il pense à la réponse attendue par M. Picard

"Que veux-tu devenir dans le futur ?".

"Je veux être président !", crie Léo avec joie.

Puis il rédige sa rédaction avec des idées merveilleuses qui viennent du fond de son cœur.

A partir de ce moment, tout a changé.

Personne n'a plus besoin de tirer les pieds de Léo pour le réveiller.
Il se réveille tout seul.

Léo ne va plus à l'école pour faire une bonne petite sieste mais pour apprendre de nouvelles choses. Léo n'est plus connu sous le nom de Léo le paresseux, mais comme un enfant très déterminé et ultra motivé !

Ainsi, vendredi, Léo se lève de sa chaise et dit : "M. Picard, je veux devenir le président de mon pays", puis il remet sa rédaction à M. Picard avec un sourire.

Tout le monde a l'air surpris, même son professeur.

M. Picard était impressionné et ses yeux se sont arrêtés longuement sur le titre, écrit en gros caractères :

"UN JOUR, JE VEUX ÊTRE LE PRÉSIDENT DE LA FRANCE !"

Mais la rédaction en elle-même n'est pas suffisante. Léo doit faire ses preuves devant la classe. Alors, il s'approche du tableau et se tient devant ses camarades. Il commence alors son discours ! En effet, cette fois-ci il y a tellement de courage et de motivation dans sa voix.

Ses paroles sont fermes mais agréables. Bien qu'il y ait beaucoup d'élèves qui observent Léo, il reste calme et confiant.

"Léo a un grand avenir", pense M. Picard en écoutant son discours.

Avec un cœur habité par un rêve éternel, Léo termine son discours par un message chaleureux.

"Si vous avez un rêve, travaillez pour l'atteindre. Et si vous n'en avez toujours pas, ne vous inquiétez pas ! Croyez simplement en vos forces, et vous le découvrirez bientôt. Au moment où tu commences à travailler sur tes rêves, tout va changer"

Finalement, l'essai de Léo a obtenu les meilleures notes. Il a donc été publié dans le journal local de la ville. Mais ce n'est pas la plus grande nouvelle.

La meilleure chose est que le texte de Léo est arrivé entre les mains du président de la république. Il a été si impressionné qu'il a décidé d'organiser une rencontre avec Léo.

Ces mots puissants sortent tout droit de la bouche du président.

Léo sait qu'il gardera ses mots gravés à jamais dans son cœur.

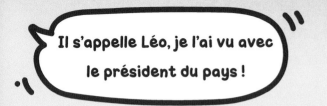

Il s'appelle Léo, je l'ai vu avec le président du pays !

Ce jour-là, la rencontre a fait la une des journaux locaux et a même été diffusée sur les chaînes d'information télévisées. Depuis ce jour, partout où Léo allait, il entendait les enfants chuchoter

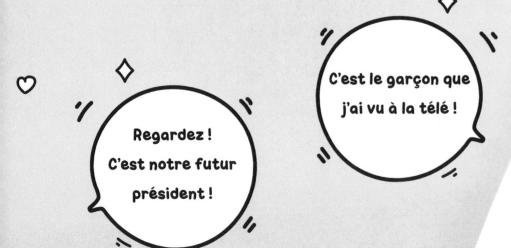

Regardez ! C'est notre futur président !

C'est le garçon que j'ai vu à la télé !

Cette expérience qui a changé sa vie a poussé Léo à être plus courageux et plus confiant. Son école est si fière de lui qu'elle l'a même désigné comme délégué de classe.

En effet, Léo l'a bien mérité.

Sans aucun doute, c'est une expérience fantastique pour Léo qui le pousse à croire de plus en plus en ses rêves.